El Placer

El Placer

María Hesse

Prólogo de Lara Moreno

Lumen

Papel certificado por el Forest Stewardship Council®

Primera edición: septiembre de 2019

© 2019, María Hesse
© 2019, Penguin Random House Grupo Editorial, S. A. U.
Travessera de Gràcia, 47-49. 08021 Barcelona
© 2019, Lara Moreno, por el prólogo
© 2015, Piedad Bonnett, por el poema «Por el camino de tu lengua» de las pp. 46-47
© 2017, Maria Arnal i Marcel Bagés, por la canción «Tú que vienes a rondarme» (pp. 150-153),
letra: Maria Arnal; música: Maria Arnal i Marcel Bagés, del disco *45 cerebros y 1 corazón*,
por gentileza de Maria Arnal i Marcel Bagés – Fina Estampa

Printed in Spain – Impreso en España

ISBN: 978-84-264-0596-8
Depósito legal: B-13029-2019

Compuesto en M. I. Maquetación, S. L.
Impreso en Egedsa (Sabadell, Barcelona)

H405968

Penguin
Random House
Grupo Editorial

A mi madre, a mi hermana y a mi abuela,
las mujeres de mi vida

El buen sexo es como el buen bridge.
Si no tienes una buena pareja,
mejor que tengas una buena mano.

MAE WEST

PRÓLOGO

Este libro puede leerse como un libro de historia. Con los libros de historia aprendemos el lugar que hemos ocupado en la Tierra a lo largo de los tiempos y de los ciclos y de las mareas. Aprendemos a entender dónde está la raíz de lo que somos y de lo que otros fueron antes que nosotros. Aprendemos a mirar por encima de las ciudades y de los campos y de los territorios devastados, aprendemos a calibrar por qué no existe equilibrio, igualdad ni justicia en este sistema antiguo que nos aloja, que siempre está en ebullición, que siempre está a punto de explotar.

Este libro puede leerse como un libro de mitología. La mitología es el imaginario más poderoso que el ser humano ha creado para explicarnos nuestro comportamiento. Para condicionarlo, a veces, también. Pero con la debida distancia, por ejemplo, la que este libro otorga, la mitología sirve para hacernos entender nuestras emociones. Nuestras frustraciones. Nuestros deseos. Nuestros juegos de poder.

Este libro puede leerse como un libro de anatomía. Pero no un libro de anatomía cualquiera, sino uno que descifra el paisaje más humano del mundo. Ese que es capaz de reventarnos en la punta de los dedos. Ese que trasciende los cánones históricos de belleza. La belleza anatómica de este libro tiene su origen en la alegría y lleva dentro las claves de una particular forma de existencia.

Este libro puede leerse como un libro ilustrado. Porque María Hesse ha desplegado todo su poder, todo su talento y toda su inteligencia, su delicada y a la vez visceral visión del mundo, y ha llenado este libro de fuerza, de color, de sutileza para representar a la mujer en sus múltiples condiciones, en su infinito caleidoscopio de realidades. También al hombre. También la flor, y la serpiente, y la hormiga y todos los planetas.

Este libro puede leerse como un diario confesional. Un libro de experiencia. Un libro íntimo y universal. Esos libros que abrimos como si fueran tesoros que alguien ha depositado en nuestro regazo, donde vamos a encontrar el detalle, la niña, el juego, la crecida, el dolor, la primera vez y la última, esa tarde pequeña en la memoria que cada cual recuerda y de pronto se nos ofrece de nuevo, viva, esa noche oscura donde la mujer nace, ese recorrido vital que es siempre único y donde nos reconocemos, en lo distinto y en lo propio, en lo suyo y en lo nuestro.

Pero este libro, que puede leerse de todas esas formas porque todo eso contiene, debe leerse, sobre todo, como un acto de amor. Porque María Hesse, desde un hermoso rincón de música y silencio, ha querido ofrecernos sus manos. Su palabra y sus ojos. Y lo ha hecho con toda la delicadeza que un regalo así requiere. Este libro es un acto político de generosidad. María Hesse ha condensado en una palabra una actitud ante la vida, una reivindicación indispensable, un camino futuro: el placer. Porque ahí, en el placer, está todo lo que este libro es: valentía, igualdad, hermandad, alegría, conocimiento, fuerza, respeto y amor. No hay secretos. No hay que tener miedo. Está todo aquí dentro. Disfrutad del viaje. Es infinito.

Lara Moreno

Un día estaba Dios aburrido y con mucho tiempo libre, así que decidió crear nuestro Universo como quien se compra una casa de muñecas para montar.

El primer día separó la luz de la oscuridad y creó el día y la noche. El segundo, el cielo y el mar. El tercero, la tierra y la vegetación con todas sus plantas, frutos y semillas. El cuarto se sintió poeta y creó las estrellas, el sol y la luna.

El quinto día se dio cuenta de que para jugar le hacían falta los muñecos y creó los animalitos del agua y el cielo, y dejó para el sexto los de la tierra. Entonces tuvo una idea brillante: crear al hombre y a la mujer a su imagen y semejanza y con poder sobre todos los otros seres que poblaban el planeta. El séptimo descansó y dejó que sus muñecos jugaran solos.

Hay quien dice que la primera mujer fue Lilith, y que Adán, el primer hombre, era su igual. Aunque Adán no hubiera opinado lo mismo. Como fuera, Lilith siempre estaba debajo de él, literalmente, cuando mantenían relaciones sexuales. Es probable que Adán no tuviera un espíritu muy explorador para el cuerpo de su compañera y para el placer, si es que contemplaba la posibilidad de que la mujer pudiera sentirlo.

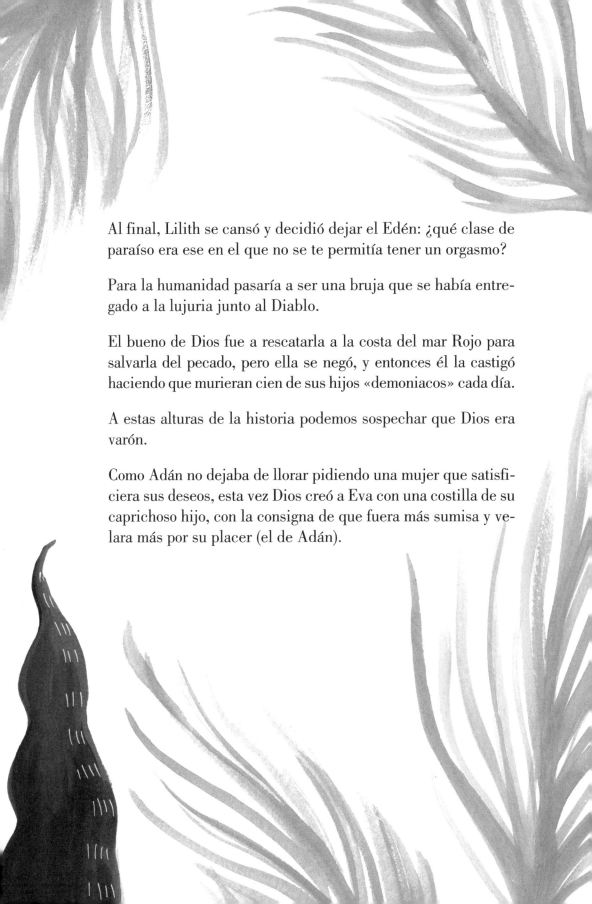

Al final, Lilith se cansó y decidió dejar el Edén: ¿qué clase de paraíso era ese en el que no se te permitía tener un orgasmo?

Para la humanidad pasaría a ser una bruja que se había entregado a la lujuria junto al Diablo.

El bueno de Dios fue a rescatarla a la costa del mar Rojo para salvarla del pecado, pero ella se negó, y entonces él la castigó haciendo que murieran cien de sus hijos «demoniacos» cada día.

A estas alturas de la historia podemos sospechar que Dios era varón.

Como Adán no dejaba de llorar pidiendo una mujer que satisficiera sus deseos, esta vez Dios creó a Eva con una costilla de su caprichoso hijo, con la consigna de que fuera más sumisa y velara más por su placer (el de Adán).

Para entonces, Dios ya se estaba divirtiendo, y decidió poner más emoción al juego: plantaría en el Edén el árbol de la ciencia del bien y del mal y les prohibiría que comieran de él. A ver qué pasaba.

Cómo no, la tentada fue Eva. Seguramente presintió que le faltaba algo, pero no sabía qué. Entonces apareció la serpiente. Dicen que era el Diablo, pero yo creo que era Lilith, que había vuelto para intentar decirle que ella también era capaz de tener un orgasmo.

Eva comió del árbol y de inmediato se le abrió la mente. Quiso que su compañero tuviera la misma suerte y le dio a probar la fruta.

Entonces Dios se enfadó muchísimo, o fingió enfadarse, porque ¿para qué plantar un árbol si no quieres que coman de él? A la pobre Eva la castigó así: «Aumentaré tus dolores cuando tengas hijos, y con dolor los darás a luz. Pero tu deseo te llevará a tu marido, y él tendrá autoridad sobre ti».

Si os quedaba alguna duda, creo que ahora ya queda claro que Dios era varón.

No sé cómo sería la primera vez que Eva se masturbó, si es que lo hizo, pero, después de leer a la novelista y periodista británica Caitlin Moran rememorando la suya, he intentado recordar la mía.

Como a muchas de mis amigas, poco o nada me habían hablado de sexo, y además todas crecimos con un gran desconocimiento de nuestro cuerpo. Por eso, no es sorprendente que la primera vez que descubríamos el placer de masturbarnos fuese por pura casualidad.

A mí ese momento me llegó cuando aún era una niña. Estaba acostada y ya había rezado «Cuatro esquinitas tiene mi cama», pero no tenía sueño. Comencé a jugar con una pulsera repleta de chinitos de la suerte que colgaba del cabecero mientras, con la otra mano y casi por accidente, me rascaba un picorcillo en la vulva. Pronto centré toda mi atención en el placer que brotaba de aquel lugar que nadie nombraba y que empezaba a hincharse. De pronto, por algún motivo insospechado, sentí que estaba haciendo algo malo y paré. Sí, lo mío fue un *orgasmus interruptus*.

Y fue una lástima, porque el descubrimiento cabal de un orgasmo tardaría mucho en llegar.

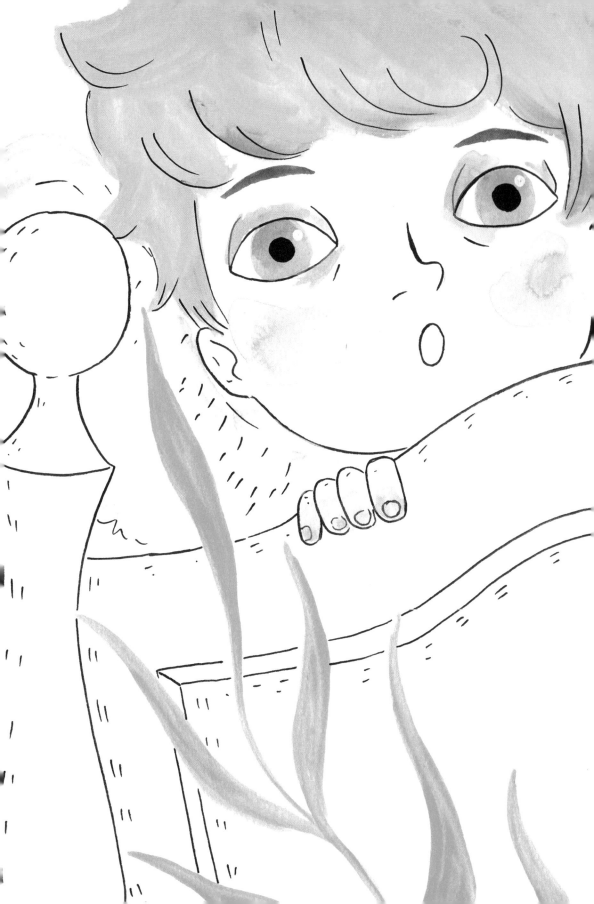

EVE ENSLER

En *Monólogos de la vagina*, Eve Ensler nos dice que no reconocemos aquello que no nombramos. «Lo que no decimos se convierte en un secreto, y los secretos provocan a menudo vergüenza, miedo y mitos.»

Precisamente Ensler ha sido una de las artistas que más han ayudado a que mujeres de todo el mundo pierdan el miedo a hablar. Lo hizo a través de su revolucionaria obra de teatro, que lleva dos décadas sobre los escenarios de medio mundo, aun cuando tuvo que sortear la censura. Sus monólogos prendieron una mecha, animaron a numerosas mujeres a experimentar con su cuerpo, a leer sobre feminismo y a contar su historia. E inspiraron diálogos enteros de series como *Friends* o *Girls*.

Pero Ensler no solo puso a hablar a una vagina sobre un escenario: también contó su relación con el cáncer en la biografía *De pronto, mi cuerpo*, e incluso ha tenido la valentía de desvelar, a sus más de sesenta años, un trauma que se había convertido en el más doloroso de sus secretos: los abusos que de niña sufrió por parte de su padre.

Gracias, Eve, por nombrar. Por dejarnos vencer al miedo.

Uno de esos miedos que describe Eve Ensler fue el que sentí en esa primera masturbación involuntaria.

La vergüenza llegó en la siguiente, cuando ya entraba en la adolescencia. Era de noche y toda mi familia dormía. Yo estaba en el salón de mi casa viendo *Robin Hood, príncipe de los ladrones*, y en el momento en que Marianne mira con deseo cómo Robin —nada menos que Kevin Costner— se da un baño en la cascada comencé a notar calor y humedad en aquel lugar sin nombre.

Todo era muy extraño. En las películas románticas el sexo no admitía detalles. Bastaba un hombre desnudo encima de una mujer desnuda, enlazados en una extraña coreografía, y, como por arte de magia, de repente la cara de ella expresaba un placer desmesurado. En ninguna se hablaba de la masturbación, ni se veía como Dios manda (es un decir) dónde y cómo había que tocar para que aquello «funcionase».

Mi única referencia eran los comentarios de mis compañeros de clase. ¿Sería yo también una guarra, como Carmen? Así la llamaron los niños del colegio cuando ella contó que se había «hecho un dedo».

Un dedo. Instintivamente lo chupé y me lo metí en la vagina. No sentí ningún placer.

Mi madre nunca me habló del placer de la masturbación y tampoco mencionó nada acerca del sexo. Se diría que aquello no existía en mi casa. Sin embargo, tengo que agradecer que se hablara de la menstruación con total naturalidad.

Parece que todo el mundo lo tiene claro: pasamos a ser mujeres cuando nos viene la regla. Pues no, cuando te viene la regla no te sientes más mujer. Eres igual, pero todos los meses sangras.

Algunas de mis amigas se quejan de haberse desarrollado muy temprano, y de que les creciera pronto el pecho. Mi caso fue el contrario. Las tetas no acababan de despuntar (hoy sé que no alcanzarían un tamaño mayor del que tenían en aquel entonces) y fui la última del curso en tener la regla. Hasta se me adelantó una amiga con menos delantera que yo.

Mi primera regla llegó una mañana en la que mi madre estaba de viaje. No fue como yo esperaba. Una enorme mancha de color marrón (no roja) manchaba mis bragas, y tuve que preguntarle a mi hermana si aquello tan sospechoso era verdaderamente sangre.

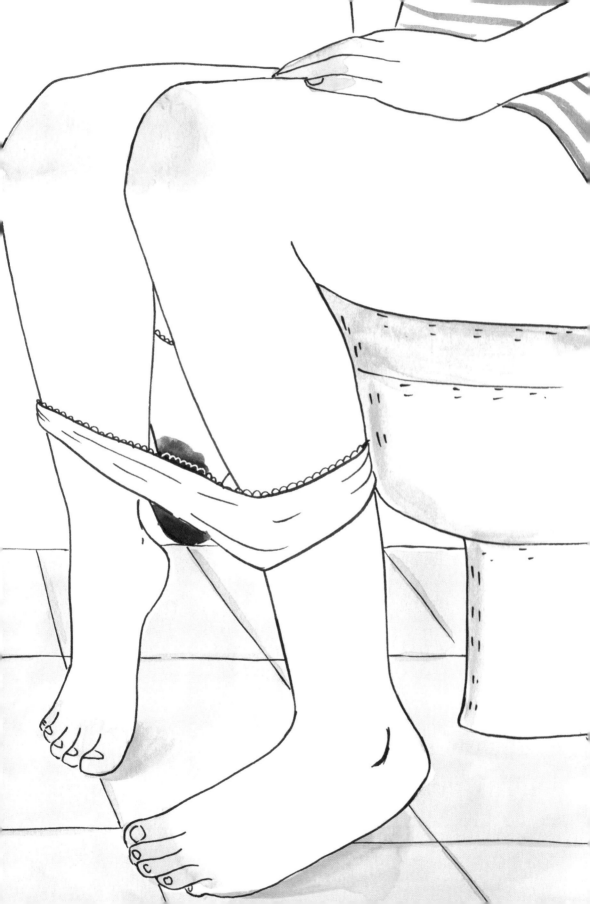

En el imaginario colectivo, la menstruación viene asociada al dolor, como si fuera una suerte de castigo que recibimos las mujeres. Pero de hecho, si todo va como debe, no tiene por qué doler.

También se la considera algo sucio. Durante mucho tiempo se creyó que en los días de la menstruación la mujer/mutante era capaz de marchitar las plantas, amargar el vino, cortar la mayonesa y hasta enmohecer el bronce y el hierro. No debía bañarse para no volverse loca y, desde luego, no se la podía tocar. Las vueltas de la historia: ahora dicen que la sangre menstrual sirve de abono para las plantas, y que no solo se nos puede acariciar, sino que muchas incluso estamos más sensibles al tacto, nos sentimos más excitadas y podemos alcanzar orgasmos más intensos, que, por si fuera poco, hasta pueden aliviar nuestros dolores menstruales.

Fue mi madre quien me enseñó a ponerme un tampón, algo que para mí era casi una misión imposible. Muchos años después, más de los que debería, descubrí la copa menstrual: por fin un invento que no resecaba las paredes vaginales ni me hacía sentir incómoda, y que no suponía un gasto insultante de dinero al mes... hasta que la regla dijera basta.

Y aquí otra paradoja. Cuando llega la menopausia y la regla desaparece, tememos ser menos mujeres, pues hemos dejado de servir para lo que vinimos al mundo: procrear. Tanto tiempo odiándola para al final echarla de menos.

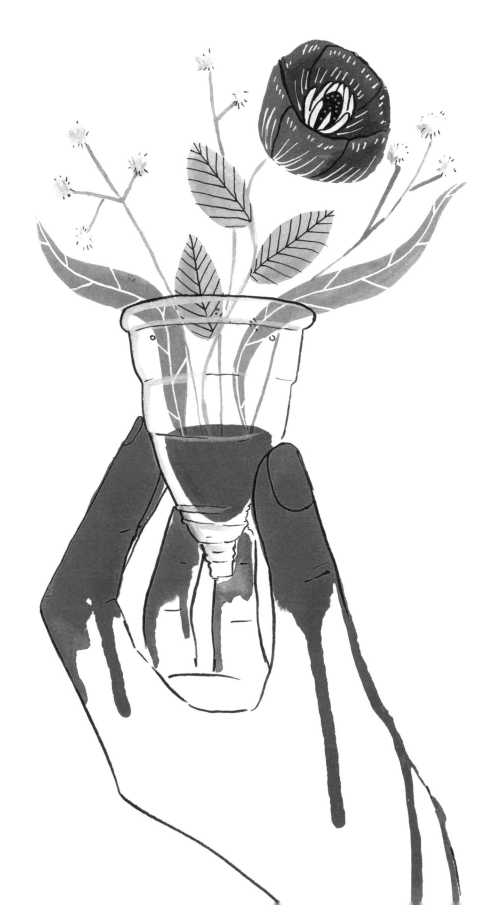

El caso es que cuando me vi dentro del apasionante y muy fabulado ciclo de la menstruación, eso del sexo tomó un cariz distinto… ¿Qué edad es buena para mantener nuestra primera relación sexual? Según nuestros progenitores, ninguna. Sobre todo si eres mujer, por si te quedas embarazada. (Claro, los chicos pueden escurrir el bulto, nunca mejor dicho.) Y es que, que se sepa, hasta ahora la Virgen María ha sido la única mujer capaz de quedarse embarazada sin sexo ni técnicas de fecundación *in vitro*.

Fue un día de hace más de dos mil años. Estaba tan tranquila en su casa cuando un ángel llamado Gabriel se le apareció y le anunció que ella, aún virgen, iba a engendrar al Mesías. Para que no se montase la de Dios es Cristo, otro ángel tuvo el detalle de informar en sueños a su prometido José de que su novia aún mantenía la virginidad intacta y que llevaba en su interior al hijo de Yahvé, de quien él iba a ser padre putativo (así, en un dos por uno, regalaba el diminutivo de Pepe a los José y un salvador al mundo).

María seguirá siendo virgen antes, durante y después del nacimiento de su hijo, según determinaron unos señores en el Concilio de Éfeso en el año 431. Por si acaso, en 1854, el papa Pío IX comunicó que María había sido preservada del pecado original incluso desde el instante de su concepción. Virgen e inmaculada de la cuna a la tumba y más allá por la Gracia de Dios…, lo que podría incluso implicar que su madre también fuera virgen… Imposible saberlo, y tampoco cómo se engendraría su abuela…

Es extraño, porque, según Marion Woodman, el término «virgen» iba asociado antaño a una mujer que disfrutaba libremente de su sexualidad sin ningún tabú, y no fue hasta la llegada de la cultura judeocristiana y otras religiones monoteístas cuando la sexualidad se asociaría al pecado.

Así, quienes hemos sido educados en el cristianismo aprendemos desde pequeños que, a diferencia de Cristo y de su madre María, el pecado original lo llevamos todos de serie, y luego vamos añadiendo otros por el camino.

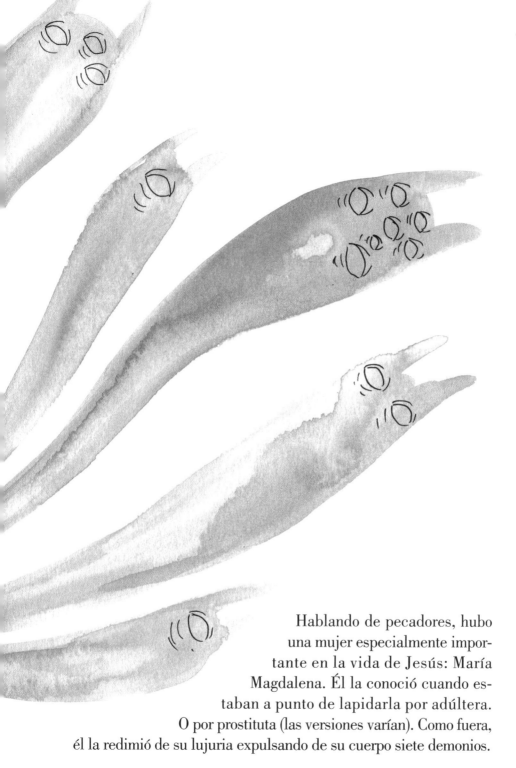

Hablando de pecadores, hubo una mujer especialmente importante en la vida de Jesús: María Magdalena. Él la conoció cuando estaban a punto de lapidarla por adúltera. O por prostituta (las versiones varían). Como fuera, él la redimió de su lujuria expulsando de su cuerpo siete demonios.

¿Cómo sería el sexo entre Jesús y María Magdalena? Los cuadros la retratan vestida. Con caras de éxtasis o de dolor, pero vestida.

En general, la historia ha establecido imposiciones férreas al placer de la mujer. Sin ir más lejos, el cinturón de castidad era de hierro. Aún hoy, en muchos países, los fundamentalismos (ya sean culturales, sociales o religiosos) son responsables de que miles de niñas sufran mutilaciones genitales. Nuestra sexualidad y nuestro placer han sido castigados desde hace siglos, como método de «corrección». Hoy es esa idea de corrección lo que hay que corregir.

CLITORIDECTOMÍA

CLITORIDECTOMÍA Y EXTIRPACIÓN PARCIAL DE LABIOS MENORES

EXTIRPACIÓN DE CLÍTORIS Y LABIOS MENORES

INCISIONES EN LABIOS MAYORES PARA APROXIMARLOS POR ENCIMA DE LA URETRA Y ABERTURA VAGINAL

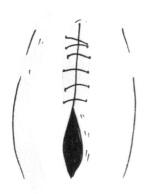

INFIBULACIÓN MODERADA,
ABERTURA VAGINAL MEDIA

INFIBULACIÓN TOTAL,
PERMITE SOLO LA SALIDA
DE FLUJO MENSTRUAL
Y ORINA

UN POSIBLE FUTURO COMO EL DE
"EL CUENTO DE LA CRIADA" Y LA
ABLACIÓN DE DEGLEN ES EN
REALIDAD UN DOLOROSO PRESENTE.
CADA AÑO SE MUTILAN UNOS
TRES MILLONES DE NIÑAS.

SAFO

Si tengo que elegir una divinidad, me quedo con la poderosa Afrodita, la diosa del amor, con su hijo Eros y con su más fiel devota, la poeta Safo de Lesbos, del siglo VII a. C. Fue el filósofo Platón quien la bautizó como «la décima musa», refiriéndose a ella como a esos personajes de la mitología que inspiraban a músicos, artistas, pensadores, etcétera. No deja de ser sorprendente que una mujer de carne y hueso como lo fue la poeta de Mitilene, acabara reducida a la categoría de mito. Que la llamaran musa la dotaba casi de una incorporeidad que contrasta con lo profundamente terrenal de su literatura. Ella fue la más grande poeta del amor, de la sentimentalidad, de la mujer. También la que honró a Afrodita llamándola «dulce madre mía» y la que nos enseñó que la sexualidad —también la femenina, por supuesto— debería considerarse un tema tan hondo, puro y humano en la literatura como lo son la vida y la muerte.

Para cuando me eché mi primer novio, aquel intento fallido de masturbación quedaba ya tan lejos como la Antigua Grecia. Mi dedo no me había proporcionado placer con Robin Hood y la cascada de fondo, y además no quería ser «una guarra».

Ahora lo que me preocupaba guardaba relación con el amor, porque en mi caso tenía claro que cuando perdiera la «virginidad» sería con alguien especial, de quien estuviera enamorada.

Mi primer novio tuvo la paciencia de esperar todo lo que hizo falta, pero después de besos eternos que dejaban los labios amoratados, y restregones en parques (el llamado *petting*), la cosa se ponía seria.

Con el tiempo aprendería que el beso es el preludio de lo que ocurre después. Si es malo, mejor parar en ese momento y no seguir avanzando, porque probablemente el sexo sea una extensión de eso mismo. Sin embargo, hay besos que por sí solos te llevan al éxtasis. Piedad Bonnett lo sabe bien.

Por el camino de tu lengua yo podría llegar
hasta la negra Abisinia
o cabalgar hasta Bengala o Nankin
porque ella es sabia como un viejo maestro que
enseña sobre el cielo
las rutas de los pálidos cometas

porque tu lengua es poderosa como la de la mantis
que da vida y da muerte
y sabe tejer formas como la poesía
y es diestra en lides y ducha en argucias
y canta una canción remota y mágica que invita al extravío.

Pero por el camino de tu lengua viajo más hondo
hasta el lugar donde naces gimiendo con un tremor antiguo
y me sientes flotar reciente y húmeda

hasta el origen
donde sueña la bestia su sueño más profundo
y el placer es un banco de peces que relumbra
entre sales marinas

hasta mi centro
donde veo lo que no ven mis ojos cegados por las
luces del mundo
donde no existe la palabra

la torpe mercenaria.

Muy pronto, lo que más empezó a pesarme, más incluso que el deseo
de hacerlo con un gran amor, fue el miedo a quedarme embarazada.
Era un pánico común a todas las chicas, que a menudo iba unido a
la ignorancia. Una amiga anduvo aterrorizada varios días porque había dormido desnuda junto a su novio.

La educación sexual seguía basándose en rumores o conversaciones difusas, casi nunca en una experiencia directa: una amiga de una amiga que había hecho tal cosa con su novio. Y las películas, claro.

En mi cabeza estaba ese momento de *Dirty Dancing* en el que Baby está en el cuarto de Johnny, empiezan con un baile y él poco a poco le quita la ropa. Después, fundido a negro: ella ha perdido la virginidad y todo ha sido perfecto.

Por lo menos en las películas porno se ve en qué consiste técnicamente el asunto. A veces, si tienes suerte, puede verse un clítoris… Ya me hubiera gustado saber de su existencia por aquel entonces.

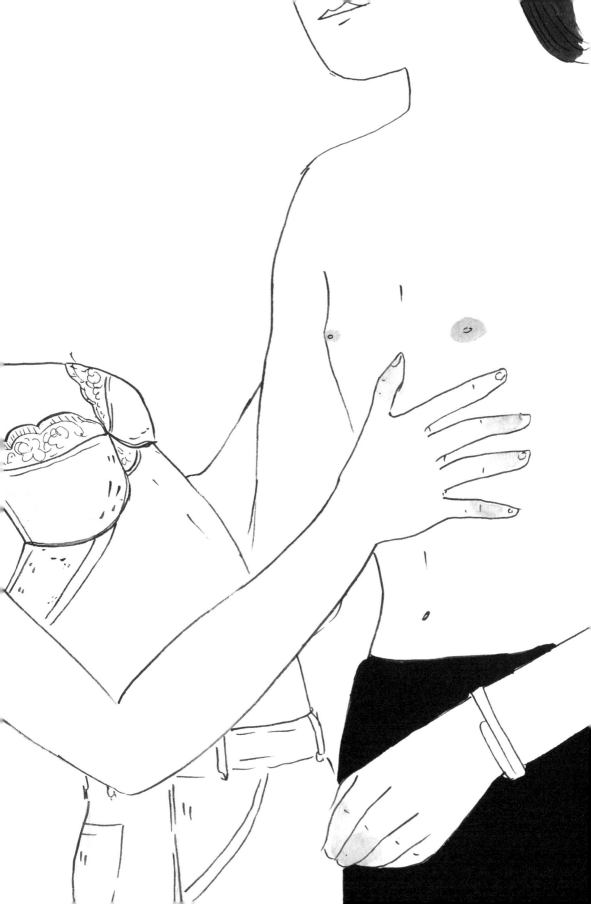

Sin embargo, a mediados de los noventa casi nadie disponía de un ordenador con internet y acceder al porno era difícil. Revistas como *Super Pop* o *Vale*, cómics de manga y series como *Sailor Moon* tuvieron una gran importancia para las niñas de todo el mundo.

De hecho, muchas escritoras jóvenes mencionan como influencia la serie de Naoko Takeuchi y algunas feministas reivindican a las heroínas estelares.

Yo recuerdo con especial admiración a Urano y a Neptuno, la primera pareja abiertamente lésbica de la tele. Entraba a nuestros ojos infantiles de un modo tan natural y sutil, que nos hacía creer que definitivamente teníamos derecho a amar o a sentir atracción por quien quisiéramos. Neptuno con su cabellera verde, tan bondadosa y fuerte. Urano con sus trajes masculinos, demostrando que no era necesario vestir muy femeninas para gustar a los demás —a un «los demás» masculino, por supuesto— y que no podíamos gustar a los demás si no nos gustábamos a nosotras mismas.

COLETTE

¿No es increíble que en la España de finales del siglo XX todavía se nos educase así, cuando habríamos podido adentrarnos en los misterios del erotismo a través de escritoras como Colette, Anaïs Nin o Simone de Beauvoir? Pero ellas también pagaron un precio alto: las escritoras más radicales de todos los tiempos sufrieron rechazos en vida —¡y hasta después de muertas!— por atreverse a hablar del placer.

Cuando Colette murió, la Iglesia católica se negó a despedirla con una ceremonia religiosa: una mujer que había hablado sin tapujos de su bisexualidad en obras como *Gigi* o la serie de *Claudine*, no merecía el cielo prometido. A cambio, la Francia laica la honró con un funeral de Estado. Lo cierto es que Sidonie-Gabrielle, que así se llamaba, había conseguido crear su propio cielo ella solita, ya que no solo fue la primera mujer, y única hasta la fecha, en presidir la Academia Goncourt, sino que también gozó de una vida llena de deseo. Hizo lo que quiso, como quiso y cuando quiso: se enfrentó a uno de sus maridos, que pretendía publicar sus obras con su propio nombre; supo desafiar a quienes criticaban que una mujer se dedicara al periodismo, y logró convertirse en uno de los mitos más grandes de la cultura francesa e inspiradora de otras mujeres radicales que seguirían desafiando al machismo: Françoise Sagan, Monique Wittig, Simone de Beauvoir…

ANAÏS NIN Y SIMONE DE BEAUVOIR

Anaïs Nin fue otra de las mujeres que rompieron con lo establecido al publicar sus diarios, todos llenos de sensualidad, o esos libros de cuentos eróticos con cuya lectura cualquiera siente fuego en las entrañas. Pero acceder a Anaïs Nin era casi siempre como salir a buscar un tesoro. Los pocos libros que de ella se veían en España estaban en librerías de viejo y mercadillos, algunos con páginas caídas, otros incompletos. La primera vez que leí sobre el adulterio sin connotaciones negativas fue en sus diarios. Ella hablaba de amantes como algo hermoso y sin ápice de culpa.

También Simone de Beauvoir tenía amantes, y nunca le importó contarlo. Aun cuando amaba a su pareja intelectual, el también filósofo Jean-Paul Sartre, Simone buscaba el placer físico en otros cuerpos, e incluso siendo ya una mujer madura hablaba de su sexualidad sin tapujos.

Ojalá nos hubieran hablado de Colette, Anaïs o Simone en clase, pero en esa época lo mejor que podía pasarte era que los de planificación familiar acudieran a tu instituto. Yo no recuerdo que explicaran cómo masturbarse, ni cómo era nuestra vulva, y tampoco que mencionaran el placer. Lo que sí recuerdo es el momento cumbre en que nos enseñaban a ponerle un preservativo a un plátano.

PERO ¿CÓMO SE CONVIERTE UN PENE EN UN PLÁTANO?

Yo tenía dieciséis años, no quería quedarme embarazada y aquello del condón en el plátano no terminaba de convencerme. Estaba segura de que a mí se me rompería. Así que, muy aplicada, decidí ir a un centro de planificación familiar con mi pareja —un chico de mi edad pero con más acné, que probablemente estaba tan asustado como yo— a pedir la receta de la píldora anticonceptiva.

Mi madre la encontró en el bolsillo de un pantalón. Por si no era ya suficiente mal trago haber tenido que ir a comprarla a la farmacia, ahora debía enfrentarme al juicio materno. Un mes tardó en hablar conmigo del asunto. Había reunido el valor para hacerme una sola pregunta: «¿Cómo sabes que es el amor de tu vida?».

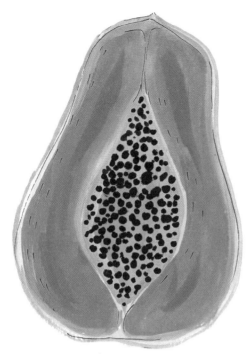

¿Y LA PAPAYA?

...¿DÓNDE ESTÁ EL PLACER?

A mi novio, en cambio, su madre le dejó en el cajón una caja de condones.

Solo una amiga me ha contado que cuando su madre intuyó que se estaba acostando con su novio, le dijo: «¿Tú disfrutas? Recuerda que tú también tienes que disfrutar».

¡LAS CLEMENTINAS TAMBIÉN QUEREMOS ATENCIÓN!

CUELLO

LABIOS

CLAVÍCULAS

CARA INTERNA
DEL BRAZO

CARA INTERNA DE
LOS BRAZOS

PECHO
Y PEZONES

CARA INTERNA
DEL MUSLO

VIENTRE

VULVA
PELOS
LABIOS
INGLES
CLÍTORIS
VAGINA

NALGAS

ANO

CORVAS

PIES

Existe aún otra carga: la de no ser una «chica fácil», pero tampoco una «estrecha». Ellos muy pronto suelen querer ir al grano, así que a menudo, en las fiestas, cuando ven que se están quedando atrás, las chicas fingen la borrachera para echarle luego la culpa al alcohol.

Incluso hoy, muchas mujeres se desentienden, como si la responsabilidad del conocimiento sexual debiera recaer sobre ellos mientras que ellas deben simular que no saben nada. Si no saben nada, ¿cómo van a pedir lo que les gusta? ¿Acaso ellos deben saber por intuición dónde está el clítoris? ¿No implica un terrible peso también para ellos? ¿Por qué no descubrir juntos ese misterioso camino hacia el placer?

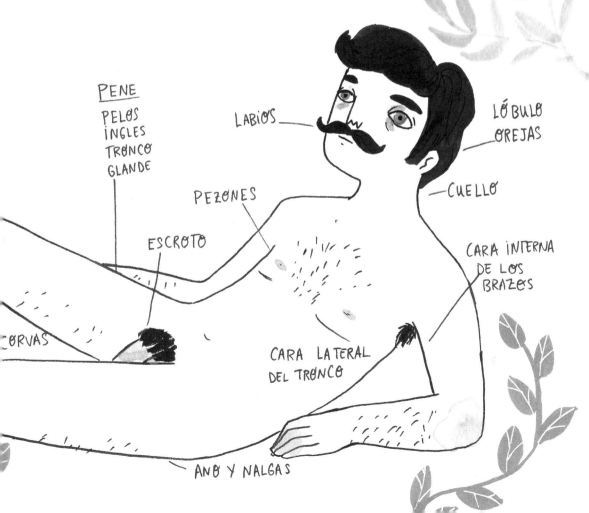

PENE
PELOS
INGLES
TRONCO
GLANDE

LABIOS

LÓBULO
OREJAS

PEZONES

CUELLO

ESCROTO

CARA INTERNA
DE LOS
BRAZOS

CORVAS

CARA LATERAL
DEL TRONCO

ANO Y NALGAS

MATA HARI

No estoy segura de que la educación sexual de las niñas haya cambiado mucho en nuestros hogares, pero el acceso a la información es infinitamente mayor hoy en día. Y nos permite saciar la curiosidad inspirarnos en las historias de mujeres que desde hace siglos se atrevieron a enfrentarse a los cánones: Mata Hari y Cleopatra, por ejemplo. Su sexualidad era tan libre que podían utilizarla sin complejos como parte de sus relaciones con el poder. En vez de esconderla, convirtieron su sexualidad en una baza. En un arma.

Dicen que Mata Hari, la bailarina holandesa convertida en espía para varios países, se acostaba con militares y políticos para conseguir la información que deseaba. Cuando la descubrieron, los franceses la condenaron al paredón de fusilamiento, y se cuenta que ella se despidió de sus ejecutores enviándoles un beso.

CLEOPATRA

En cuanto a Cleopatra, la más audaz de las soberanas de la Historia será eternamente recordada como la legendaria seductora de Julio César y Marco Antonio. Roma nunca le perdonó que sus dos generales más poderosos cayeran en sus redes. Dicen que el emperador Augusto, cuando tuvo que elegir un mes en su honor, optó por el de agosto por ser aquel en el que había muerto Cleopatra.

¿Qué importan su erudición o su conversación, que según Plutarco «penetraba la mente como un aguijón», su valor e inteligencia? Su fama estará para siempre asociada al sexo y la manipulación.

Finalmente un día decidí que ya era hora de despedirme de mi virginidad. Fue bonito, pues me había encargado de dotar la experiencia de las connotaciones afectivas adecuadas. También fue rápida, indolora y, para qué engañarnos, poco placentera. Porque desconocía el funcionamiento exacto de todas las piezas involucradas en el juego…

LA TETA DEL DIABLO

Amelia no entendía bien qué estaba pasando. Llevaba presa una semana acusada de bruja, un cargo que solían esgrimir los maridos con ganas de recuperar la soltería. La Inquisición campaba a sus anchas y poco había capaz de plantarle cara.

Aún no la habían sometido a juicio, y lo aguardaba aterrada. No entendía el repentino silencio, ni la espera, ni tampoco qué rayos estaba haciendo su carcelero, hombre casado, encogido entre sus piernas después de haber abusado de ella.

El tipo jamás se había detenido a mirar una vulva de cerca, pero con la joven sintió curiosidad. Amelia supo que las cosas aún podían complicarse más cuando él levantó la cara y, con dedo acusador, señaló entre las piernas de ella una pequeña protuberancia, mientras gritaba que aquello era sin duda la teta de un demonio.

Sujetándose los calzones con una mano, corrió a desvelar su hallazgo, que fue ratificado por varios testigos tras escrutar uno tras otro detenidamente la vulva de la acusada. El descubrimiento la condenó a la hoguera. Ante semejante prueba, ¿quién se atrevería a decir que esa mujer no tenía el diablo entre las piernas?

(Inspirado en un relato incluido en *The Woman's Encyclopaedia of Myths and Secrets*, de Barbara G. Walker.)

Nunca me había parado a pensar en cómo llamamos a esa zona que no solo forma parte de nuestro sistema reproductor, sino que además nos da placer. Y quizá parezca una tontería, pero es un poco sospechoso que no se la nombre. Coincido plenamente con Eve Ensler: para reconocer la existencia de algo, es preciso nombrarlo. Por no existir, esa zona no figura ni en los libros de texto, o al menos no como debería. Nos representan mutiladas, desde una perspectiva frontal y mostrando solo nuestra función reproductiva. Lo que sucede es que todo el órgano reproductor masculino es visible, pero el nuestro en apariencia no es más que una mata de pelo. Y con suerte, porque los pelos no están del todo bien vistos.

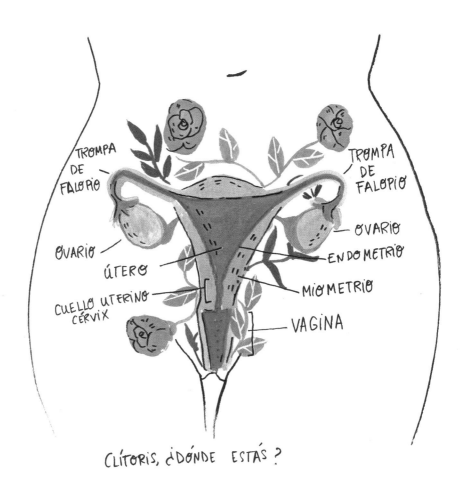

CLÍTORIS, ¿DÓNDE ESTÁS?

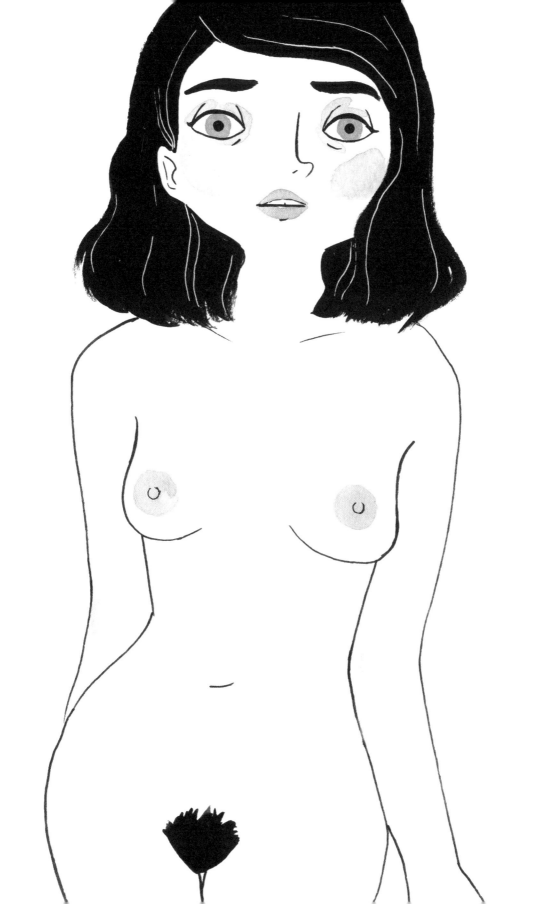

Detrás de la mata está la vagina, o «coño», como a mí me gusta llamarlo. A veces también lo llamo «placer». El término exacto es «vulva». Y es preciosa.

GLÁNDULAS DE SKENE —————————————

ORIFICIO URETRAL —————————————

LABIOS MAYORES —————————————

LABIOS MENORES —————————————

ORIFICIO DE LA VAGINA —————————————

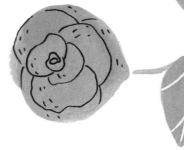

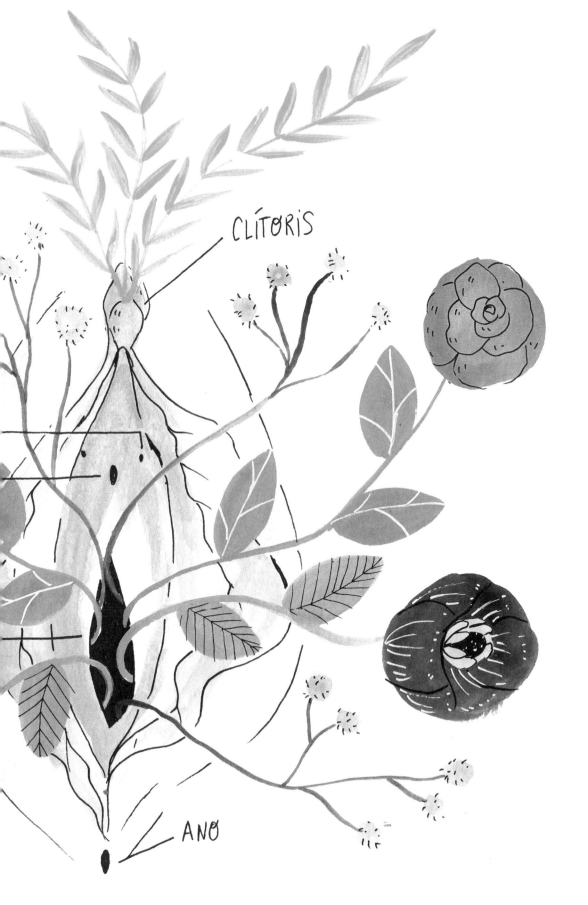

CLITORIS

ANO

En *Vulva*, de Mithu M. Sanyal, descubrí que la palabra «vagina» proviene del latín *vagina*, que significa «vaina». Esa apertura que une nuestra vulva con el interior de nuestro órgano genital interno sería, pues, un complemento al pene del hombre, la vaina por donde ellos nos introducen su maravillosa espada.

Así que es normal que cuando una mujer tenga la intención de masturbarse no sepa por dónde empezar. Y que tampoco sepa indicar a su compañero cómo acariciar. Y, en consecuencia, que ellos den por bueno que nuestro placer consiste en el mero hecho de que nos penetren.

Esto es bastante contradictorio si pensamos que, en realidad, disponemos en nuestro cuerpo del único órgano femenino diseñado exclusivamente para el placer sexual: el increíble clítoris.

La palabra procede del griego *kleitorís*, lo que nos indica que ellos fueron los primeros en identificarlo. Incluso crearon un verbo para designar el acto de acariciarlo: *kleitoriázein*. Tal vez las mujeres helenas tuvieran menos reparos que nosotras en tocar su clítoris. De hecho, el propio Hipócrates, considerado el padre de la medicina, creía que la estimulación de este órgano tenía efectos en la fertilidad. Así que ¿por qué no hacer buen uso de él?

Durante siglos se corrió un tupido velo sobre el pobre clítoris hasta que alguien volvió a fijarse, para bien, en tan simpática protuberancia. Fueron dos hombres, casi a la vez: uno, el anatomista italiano Mateo Realdo Colombo; el otro, su discípulo Gabriel Falopio. Corría el año 1559 cuando ambos se disputaron su descubrimiento «oficial», un descubrimiento al menos igual de glorioso que el que había protagonizado unos años antes otro Colombo.

HELEN O'CONNELL

Su descubrimiento oficial no evitó que el botoncito cayese de nuevo en el más injusto olvido hasta que en ¡1998! Helen E. O'Connell empezó a estudiar la verdadera anatomía del clítoris. Le extrañaba que ningún libro de cirugía aplicada tuviera en cuenta las múltiples terminaciones nerviosas de la pared vaginal como sí se tenían en cuenta a la hora de hablar de cuerpos masculinos, así que se puso manos a la obra, y en 2005 —sí, ¡2005!— publicó un estudio que detallaba algunas de las curiosidades del clítoris que hoy ya conocemos, como que tiene una estructura bastante similar a la del pene, que su tamaño aumenta conforme se excita, al igual que ocurre con las erecciones, o que tiene más terminaciones nerviosas que el órgano sexual masculino.

A esta uróloga australiana cuesta encontrarla incluso en bibliografías sobre la sexualidad y nadie le ha dedicado una estatua, pero se merece una bien alta. No nos olvidemos de ella. Memoricemos su nombre. Celebremos nuestro cuerpo en su honor. Repitamos: ¡clítoris, clítoris, clítoris!

PUEDES DESCARGARTE UN ARCHIVO 3D IMPRIMIBLE. CON LAS PROPORCIONES REALES CREADO POR MÉLISSA RICHARD EN: FAB LAB CARREFOUR NUMÉRIQUE

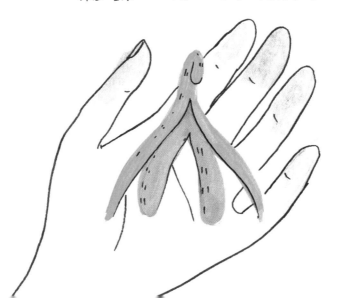

En realidad, esta pequeña protuberancia que se halla en el extremo superior de los labios menores no es más que la punta de un inmenso iceberg. La mayor parte del clítoris está escondido y se extiende por las paredes de la vagina: dos raíces de unos diez centímetros a cada lado con ocho mil terminaciones nerviosas.

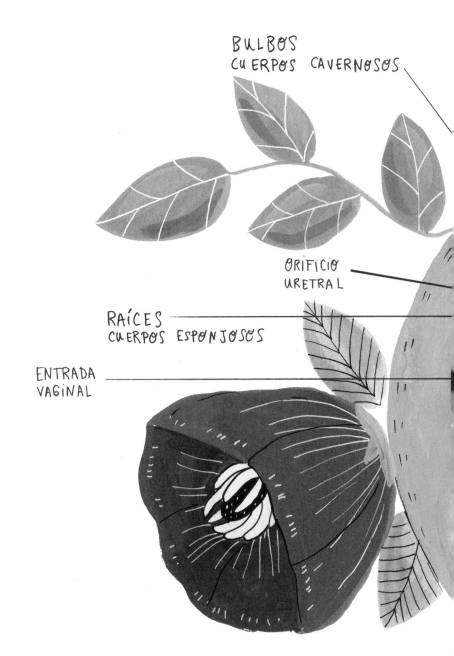

BULBOS
CUERPOS CAVERNOSOS

ORIFICIO
URETRAL

RAÍCES
CUERPOS ESPONJOSOS

ENTRADA
VAGINAL

TALLO

CAPUCHÓN

NDE

La relación con mi primer novio duró varios años, así que fuimos descubriendo juntos los vericuetos el sexo. No puedo decir que no lo disfrutara, pero lo cierto es que no conseguía tener un orgasmo y empezaba a preocuparme.

Las pocas amigas que me habían hablado de ello lo describían como algo maravilloso, pero no mencionaban cómo se alcanzaba, y a mí me dio por pensar que probablemente tenía algo roto por ahí abajo que me impedía acceder a las delicias presagiadas.

Por mucho que supiéramos de la existencia del clítoris, ese planeta desconocido, la inexperiencia de mi novio para tocarlo y la mía para explorarlo me andaban racaneando un orgasmo en condiciones, con las ganas que le tenía y lo bien que sonaba. Asumí que probablemente fuera anorgásmica o, como la gente decía muchas veces a modo de insulto, frígida. ¿Y si el problema venía de fábrica?

El placer llegó al fin gracias a mis amigas. Igual que yo enseñé a una de ellas a ponerse un tampón, otra me enseñó que masturbarse era lo mejor del mundo. Se sorprendió de que jamás lo hubiera hecho, pero no me juzgó. Me habló, ella también, del clítoris y de cómo seguía jugando con él aun teniendo novio.

Yo ya estaba sin pareja, y no creía en Dios, pero disponía de un maravilloso cuerpo por descubrir. Cuando desaparecieron la culpa y la presión de satisfacer el orgullo de otra persona, llegó el orgasmo.

Entonces recordé las primeras veces que lo había tenido sin ser consciente: aquel día en la cama, de niña, cuando con la otra mano sostenía una pulsera repleta de chinitos de la suerte; una tarde de verano con el chorro de la piscina, o en el parque con mi primer novio. Al final resulta que con él sí que lo había tenido aunque fuera por accidente.

¡Fuera miedos y vergüenza! La excitación me llegaba a través de todos los sentidos, incluyendo la lectura, que es más poderosa que cualquier imagen explícita. Prueba de ello es «La balada de la masturbadora solitaria», el poema de Anne Sexton.

ANNE SEXTON

Me resulta triste que a Anne Sexton la recordemos, como pasa a menudo con Sylvia Plath o Alejandra Pizarnik, por ser una «poeta suicida». Más allá de las circunstancias en las que tristemente dejó el mundo, Sexton fue una de las más grandes escritoras estadounidenses del placer. Pasear por su poesía completa es sumergirse en distintos líquidos, ninguno de ellos frío. Sexton habló de la sangre caliente de sus abortos, del semen caliente de sus amantes, del flujo caliente que desprendía su propio sexo después de las enfermedades que superó. Habló de sus vinos tintos, calientes, con los que perdía la noción del tiempo y escribía sobre lo que nadie antes había osado. Escribió también sobre el líquido amniótico caliente que aún cubría el cuerpo de su hija al nacer. Y de cómo sentía calor al ser «la otra», porque creía que el amor era libre y que los cuerpos no tienen dueño. Es precioso, además, que la poeta haya sido capaz de escribir un poema donde hablar de masturbación no solo le reporta regocijo, sino también tristeza e inquietud.

¿Y si el placer es algo más complicado de lo que creíamos?

Ahora que al fin conocía en carne propia qué era un orgasmo, podía entender aún menos a quienes se empeñaban en demonizarlo como si fuera cosa de brujas. Parece ser, según cuenta América Valenzuela en el ensayo *El dedo* de Luna Miguel, que las brujas untaban palos (de escoba, se supone) con un ungüento de belladona y se los frotaban contra la vagina, por lo que cuando la droga surtía efecto empezaban los delirios y... volaban.

Tampoco han sido igual todas las épocas. Por ejemplo, en la recatada Europa victoriana del XIX (donde el sexo «porque sí», y más si era placentero, estaba muy mal visto), pasó de demoniaco a solución médica para la creciente «histeria femenina». Para «curarla», el médico estimulaba el clítoris hasta llegar al paroxismo histérico, o sea, el orgasmo, que una auténtica dama solo tendría voluntariamente por prescripción médica.

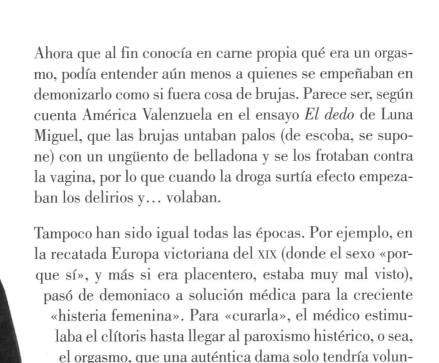

Curioso que los doctores usasen como remedio de una supuesta enfermedad eso que los franceses denominaban nada menos que *la petite mort*, «la pequeña muerte».

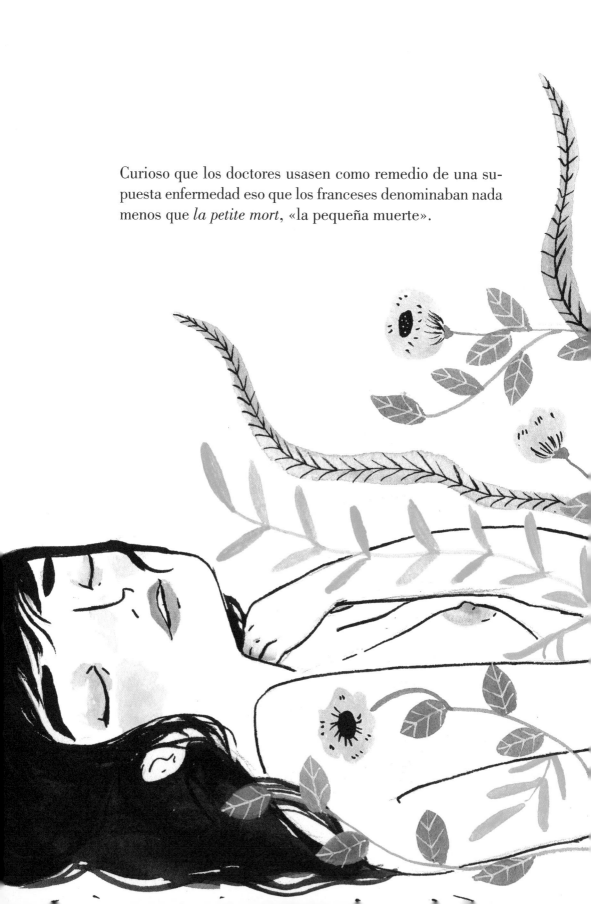

Por si no bastara con eso, llegó Sigmund Freud a enmarañarlo todo un poco más. En 1905 se sacó de la manga que, una vez superada la adolescencia, se acabó eso del orgasmo clitoriano. Una mujer hecha y derecha, una auténtica mujer —sea eso lo que sea— solo puede disfrutar lo que él acuñó como «orgasmo vaginal», único orgasmo considerado «maduro», que se obtendría mediante la penetración por estimulación de la vagina y proporcionaría un placer supremo.

Esa teoría ha provocado enormes frustraciones en las que nunca lo han experimentado, que son la mayoría. Hoy sabemos que aquello del orgasmo vaginal fue una simple elucubración que, dicho sea de paso, convenía bastante a los hombres. Según diversos estudios, solo un treinta por ciento de las mujeres tiene orgasmos por penetración.

Que no os engañen: el orgasmo femenino es solo uno, pero hay muchas maneras de desencadenarlo. Como hay muchas maneras de expresar el placer, que no es igual todos los días. No todas gritamos, ni permanecemos silenciosas, ni nos contoneamos al experimentarlo. No hay estándares, a fin de cuentas.

Porque ¿qué es, en definitiva, el orgasmo? Técnicamente, es la culminación del placer sexual: una sensación de liberación de la tensión acumulada durante la excitación, que conlleva una serie de espasmos de la vagina, el útero, el ano y los músculos pélvicos y la liberación de endorfinas. Cada cual debe aprender la forma de producir el suyo, al margen de la parte del cuerpo que estimule (el clítoris, los pechos, el punto G…). Algunas personas incluso aseguran conseguirlo con la simple estimulación de la mente.

Pero la mano no es la única herramienta para el placer. Gracias a mis amigas descubrí las delicias de los vibradores, dildos y otros juguetes a los que yo no llamaría «consoladores», porque desde luego no me consuelan. Esa palabra me recuerda que el sexo ha sido durante mucho tiempo contado por el hombre y pensado por y para él. Algunos no pueden concebir que nuestro sexo no dependa del suyo, al igual que nuestro estado de ánimo: ¿cuántas veces habéis oído decir: «Esa lo que necesita es un buen polvo»?

Mientras decido si lo echo, cuándo y con quién, y si lo hago para que me cambie el humor o para disfrutar de mi cuerpo en compañía, tengo una mano maravillosa que sabe lo que me gusta y cómo me gusta. Y si me aburro, por fin han creado un sinfín de juguetes.

Mis amigas me regalaron un dildo por mi cumpleaños. Ante mí se abrió una forma nueva de sentir placer. Desde entonces he ido probando con unos y otros, hasta que llegó la revelación: el succionador de clítoris. Por ahora es mi favorito.

¿Y por qué no regalárselo a mis amigas sin necesidad de cumpleaños? La única condición que pongo es que si les gusta, deben regalarlo a su vez a otra amiga, y crear así una cadena de placer.

BETTY DODSON

El orgasmo exige casi siempre una enorme atención sobre una misma, o una desatención sobre lo que nos rodea. Casi una meditación que favorezca el relato del deseo. Por eso a menudo cerramos los ojos. La sexóloga y profesora de masturbación Betty Dodson lo definía justo así: masturbarse era para ella un ritual «con el que lograba la armonía entre la mente y el cuerpo».

Dodson se hizo conocida por sus terapias sexuales, y por ayudar a cientos de miles de mujeres a explorar sus propios cuerpos. Recuerdo un documental en el que la profesora sentaba a sus alumnas en el suelo y les proponía tocarse, mirarse la vulva, explorarse por dentro con los dedos. Tenía en sus terapias a mujeres maduras que jamás se habían tocado. E incluso a otras que nunca se habían atrevido a mirarse con un espejo ahí abajo.

¿Por qué nos hemos negado tantas veces a mirarnos? ¿Por qué esa aversión a utilizar nuestras manos? Dodson tiene una respuesta: después de escuchar innumerables historias de niñas y mujeres durante cuatro décadas, concluyó que la represión sexual empieza en el momento en que un padre o cuidador castiga la curiosidad natural que el niño siente con respecto a tocar sus propios órganos sexuales.

ILUSTRACIÓN FLOR-VULVA
HECHA POR ELLA

Hace poco me mandaron de una empresa de cosméticos un set de belleza para la vagina: limpiadora, hidratante, exfoliante, sérum, iluminadora. Lo llaman «la vagicura». También me llegan irresistibles ofertas para hacerme la depilación láser, el blanqueamiento genital, y oigo hablar de los beneficios de la vaginoplastia, asimismo llamada operación de rejuvenecimiento vaginal y que consiste en reconstruir nuestra vulva cuando ya no luce como la de la niña que fuimos. Por lo visto es una de las operaciones estéticas más demandadas. ¿De verdad son necesarios todos esos cuidados? ¿Acaso se blanquean ellos o usan crema reafirmante antigravedad para mantener la tersura incomparable de sus huevos?

Por mi parte, con llevarlo aseado, me conformo. Empecé a rasurarme mucho antes de pensar en el sexo, cuando aún era una niña cuyo cuerpo mutaba en el de una mujer, pero no así su cabeza: primero lo que sobresalía del bikini, luego las piernas, las axilas. Con mi novio del instituto ni se nos pasaba por la cabeza el sexo oral, y nunca me pidió que me depilara todo el pubis. Tampoco yo pensé en hacerlo.

En algún momento de mi vida, mi coño había terminado por desaparecer, oculto tras una mata de pelos, y aunque ya acostumbraba a disfrutar de él, no me había parado a observarlo. No sabía ni cómo era. Fue tras una irritación que me produjo una crema en mal estado cuando me vi obligada a mirarlo con detenimiento en un espejo: me horrorizó. Nada tenía que ver con la imagen que tenía de niña, ni tampoco con las películas porno, así que pensé que probablemente sería fruto de la irritación.

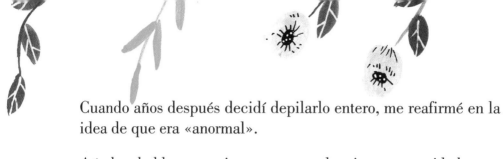

Cuando años después decidí depilarlo entero, me reafirmé en la idea de que era «anormal».

Aún hoy hablo con mujeres que no se lo miran o que, si lo hacen, no pueden evitar pensar: «¡Qué feo es!».

Los hombres, tan acostumbrados a mirársela, a tocársela, a medírsela, y nosotras haciendo como si no existiera.

Al estar escondido, al igual que nuestra sexualidad, no crecemos con la mirada hecha para verlo. En nuestra cabeza solo hay un modelo de cuerpo, con unas medidas estándar, un pecho estándar, y por supuesto, un coño estándar. Cuando conseguimos ver uno ajeno, suele ser en una película porno, y claro, como el resto del cuerpo de las actrices, difiere mucho del nuestro.

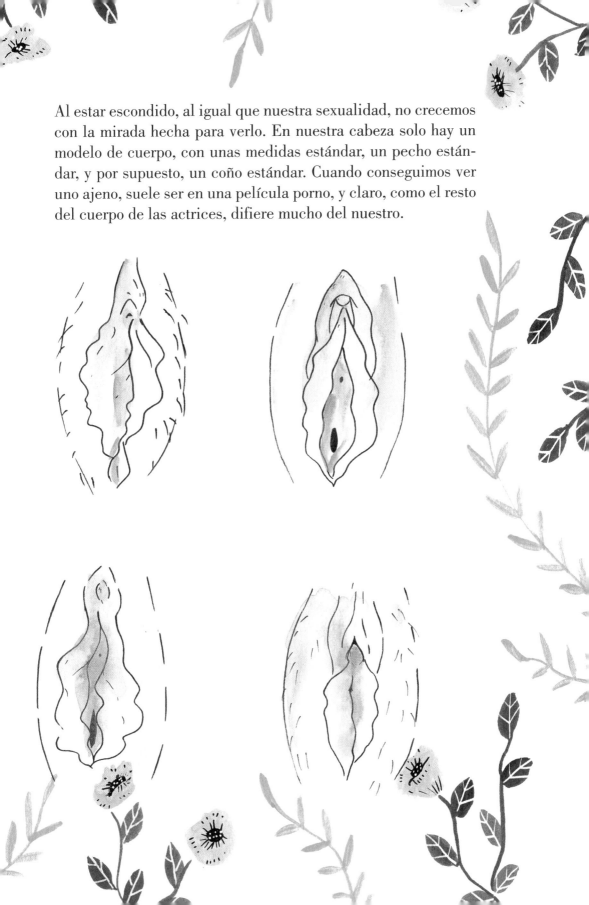

No nos gusta su aspecto e incluso lo repudiamos, pero nos pasamos la vida sufriendo los tirones de la cera, los enrojecimientos, el picor del vello al crecer, y cuidando de su estética para complacer a terceros.

¿Quién puso de moda los cuidados de la vulva? ¿Cuándo dejaron de llevarse peludas? ¿Viene del porno, como sugiere Caitlin Moran, con el fin de que las penetraciones se puedan ver bien en cámara? No estoy segura, pero si fuera así, yo me pregunto: ¿acaso les exigimos a ellos penes de treinta centímetros como los que protagonizan el porno? Esa industria peligrosamente patriarcal no debería dictaminar cómo deben ser nuestros cuerpos.

Yo al menos no pienso arrastrarme por esa corriente: si a mí no me molestan sus pelos, a ellos tampoco han de molestarles los míos. Además, ¿no os parece sospechoso que todo tienda a que parezcamos niñas?

Esto me recuerda a Lolita, ese personaje que tomó vida propia a través de la literatura: una niña despiadadamente sexualizada por el ojo masculino. Aunque lo peor de Lolita ha sido el modo en que su cuerpo llegó a la gran pantalla. En el libro, Dolores Haze tenía doce años, y era mucho más fácil por tanto caer en la cuenta de que su autor, Vladimir Nabokov, estaba convirtiendo en un monstruo al hombre que la deseaba. Sin embargo, en las dos adaptaciones cinematográficas, las actrices eran mayores, había planos constantes de sus cuerpos púberes, e incluso en algunas escenas se daba a entender que Lolita deseaba a Humbert, que la niña perversa probablemente se merecía las desgracias que le sucedían. Pensar hoy en «Lolitas» es pensar en pornografía, en perversión, en sexo. Hasta hemos envuelto la palabra «lolita» en un papel de color muy rosa, como una piruleta muy dulce y apetecible para las fantasías de otros.

Todos los cuerpos son hermosos, aprendamos a quererlos, con su edad, sus imperfecciones y en su diversidad. Aprendamos a amar nuestros pechos, o la ausencia de ellos.

Aprendamos a amar nuestras vulvas, todas diferentes y todas especiales, con pelos o sin ellos. Y mirémonos la vulva. Hagamos que exista, que nos guste, que nos empodere.

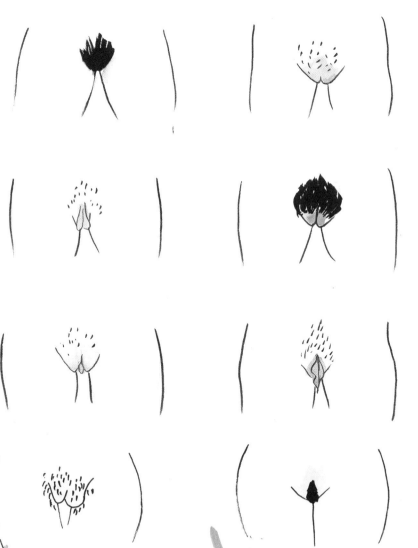

MARILYN MONROE

Libros, música, películas, series… La cultura pop está llena de referentes femeninos cosificados. Pero hay mucho más debajo de esa percepción hipersexualizada.

Por ejemplo, Marilyn Monroe no solo fue la actriz más importante de su tiempo, sino también la más polémica, una mujer capaz de reventar todos los cánones. En cualquier documental o biografía sobre «la tentación rubia» encontraremos referencias constantes a su belleza o a su condición de icono sexual. Algo que no ocurre con los *sex-symbols* masculinos de la época, como James Dean o Marlon Brando.

Gracias a la periodista Audrey Wollen, descubrí que hay más fotos de Marilyn leyendo que posando desnuda. Multitud de fotografías en blanco y negro que encarnan a la perfección el lema del *Reading is sexy*. Aquellos libros no eran un simple atrezo. Christies subastó en 1999 parte de la biblioteca personal de Marilyn, con unos cuatrocientos títulos de autores clásicos que iban de Proust a Hemingway.

¿No es curioso que en el imaginario colectivo la actriz haya sobrevivido como un cuerpo hermoso y una cara bonita, y no, además, como una mujer inteligente y literaria?

HEDY LAMARR

Otra mujer a la que llamaron «la mujer más bella de la historia del cine» pero que en realidad era mucho más que eso es Hedy Lamarr. Además de actriz, la austriaca fue inventora, y gracias a ella hoy podemos disfrutar del wifi. Hedy fue estudiante de ingeniería, pero abandonó la universidad para ganarse la vida ante las cámaras. En 1933 apareció en *Éxtasis*, la primera película que mostraba un desnudo femenino completo en la gran pantalla… ¡y durante un orgasmo! Evidentemente, el filme causó una enorme polémica, y hasta fue prohibido en las salas. Tiempo después, Lamarr se casó con un hombre rico, lo que le permitió dejar su trabajo y volver a aquello que realmente le apasionaba: la ingeniería. Tras huir de la Alemania nazi y vivir entre Estados Unidos y Gran Bretaña, empezó a trabajar con George Antheil y juntos presentaron en 1941 una solicitud de patente de «sistema de comunicación secreta», precedente del wifi. Así que mientras que en su época muchos la veían como una actriz que se había desnudado o que aparecía en anuncios por su gran belleza, en realidad lo que a ella le preocupaba era ser inventora. Tal fue su triunfo que en 2005 se declaró el 9 de noviembre, su fecha de nacimiento, como el Día del Inventor.

Junto con Marilyn Monroe y Hedy Lamarr, la historia de Madonna también está cargada de esa popularidad, ese secretismo y esa transgresión. En los años noventa, la cantante de «Like A Virgin» publicó lo que más que un libro era un artefacto entre pornográfico, artístico y literario, con el que causó furor y rechazo al mismo tiempo. Llevaba por título *Sex*, y estaba formado por múltiples fotografías de contenido sexual muy potente que pretendía ser también un homenaje a las mujeres que ella admiraba y un retrato generacional. *Sex* fue criticado por medios conservadores de todo el mundo, y también por grupos feministas que no aceptaban la pornografía como una posible forma de arte.

A pesar del enorme revuelo que causó el libro, Madonna no dio su brazo a torcer. En una biografía de la artista escrita por Mary Cross y publicada en 2007, Madonna se defendió así: «No creo que *Sex* sea malo. No creo que la desnudez sea mala. No creo que estar en contacto con tu sexualidad y ser capaz de hablar de ello sea malo. Creo que el problema es que todo el mundo es tan rígido sobre esto que lo convierte en algo malo cuando no lo es, y si la gente pudiese hablar libremente, habría más personas practicando sexo más seguro, y ninguna víctima de abusos sexuales».

El caso de Madonna contrasta con una sociedad que veneraba publicaciones como *Playboy*, con todas las historias de abusos y corrupción que su fundador, Hugh Hefner, escondía. Como bien dice Madonna, lo que nos molesta no es la desnudez: lo que nos molesta es que quien se ha desnudado lo haya hecho libremente.

DAENERYS Y CERSEI

¿Y qué decir de los personajes femeninos de series ya míticas como la celebérrima *Juego de Tronos*? Muchos aseguran que su autor, George R. R. Martin, y los guionistas nos han regalado personajes femeninos muy poderosos, y es verdad…, aunque solo en parte.

SPOILER ALERT!!!

Si bien Brienne de Tarth o Sansa Stark son mujeres empoderadas, no dejan de ser símbolos de la virginidad, de la mujer pura. La primera oculta su cuerpo tras una armadura y su sexualidad solo se atisba tras entregarse al amor. La segunda, pese a ser violada, moralmente se mantiene virgen, reina y señora. Mujeres mártires y santificadas de una manera u otra.

Cersei Lannister y Daenerys Targaryen no corren la misma suerte. A esta última se la ve a lo largo de la serie hacer uso de su cuerpo para disfrute propio. Tras sobrevivir al exilio al que se había visto conducida por los pecados de su padre; dominar a un bárbaro con el que la obligaron a casarse en contra de su voluntad; convertirse en Khaleesi por derecho propio y superar la muerte de su gran amor y de su hijo nonato así como la maldición de no poder engendrar vida; llegar a ser madre de dragones y rompedora de cadenas; liberar a pueblos de su esclavitud; aprender la lengua y las costumbres de sus súbditos y no partir a Poniente hasta haberse convertido en una buena reina, escuchando lo que un grupo de hombres —cómo no— le aconsejaban; detener su guerra por recuperar el trono para combatir a los caminantes blancos; perder a su gran amigo Jorah y dos de sus hijos dragones, se volvió a enamorar del simplón de Jon Nieve, que la abandona. Porque sí. Todos la abandonan. Y cuando lo ha perdido todo, la convierten en la histérica, la loca del coño.

La otra protagonista que hace uso de su cuerpo y sexualidad libremente, Cersei, es ninguneada por su padre, quien la obliga a casarse con un hombre que la odia; pierde a todos sus hijos uno tras otro; es violada en dos ocasiones —lo merecería por provocar, ¿no?—, pero a lo largo de toda la historia es la loca, la mala, la impura.

Y curiosamente, mientras los personajes masculinos —ellos sí matan, violan y maltratan sin compasión—, que en un principio eran enemigos, se vuelven camaradas y se perdonan entre ellos, ellas permanecen enemigas de por vida.

¿No os suena este cuento? Es el cuento de que una mujer jamás debe conseguir más poder del permitido.

Pues si es así, sangre y fuego, ¡que arda Poniente!

Lecturas, educación sexual, charlas libres de tapujos… La experiencia y el desembarazarse de prejuicios habían logrado que fuese viviendo mi sexualidad con mayor plenitud. Pero la liberación también es saber decir no, conocerse a una misma, respetarse. Esto parece algo evidente, pero vivimos en una cultura de violencia sexual que hemos asimilado como algo natural. No hay más que ver las series y películas. Cuando al fin parece que nos hemos despojado de la culpa de tener sexo con quien nos dé la gana sin que tenga que ser el amor de nuestras vidas o con un fin reproductivo, sucumbimos a la presión de considerarnos demasiado provocadoras o demasiado reprimidas.

«Eres una estrecha. ¿Para qué me calientas si luego no vas a querer nada?» ¿Os habéis topado alguna vez con tipos disfrazados de modernos que te sueltan ese tipo de comentarios como si nada? ¿Cuántas veces, en cambio, os habéis sentido incómodas al recordar un episodio de sexo en el que habríais preferido no participar, al que casi os visteis forzadas?

No solo debemos sentirnos libres de pedir lo que nos gusta en el sexo, sino que es fundamental definir y expresar hasta dónde queremos llegar, cuándo queremos parar y rechazar todo aquello que no nos gusta. Sin sentirnos culpables por ello.

Por suerte para las generaciones actuales, hay series como *Girls*, escrita y dirigida por Lena Dunham, que nos muestran lo intangible del límite entre lo que es y no es abuso de poder y acoso sexual, entre la indignación ante un trato vejatorio y la mojigatería.

Me pareció revelador el capítulo «On All Fours», donde interpretan una de esas situaciones incómodas en las que a veces nos ponen a las chicas incluso nuestros propios novios. En este caso Adam, uno de los protagonistas, decide seguir adelante denigrando sexualmente a su novia a pesar de que ella le muestra su rechazo. «Esto no me ha gustado nada», acaba diciendo ella, y el espectador siente algo así como una náusea producida por la ambigüedad de lo que acaba de ver: ella no ha pronunciado la palabra «no», pero toda su expresión corporal lo ha clamado.

En Estados Unidos existe el término *grey rape*, violaciones encubiertas en las que la víctima no podría demostrar su no-consentimiento.

Quizá deberíamos nosotros también buscar un término, porque, de nuevo, lo que no se nombra no existe. Y si no existe, nos da vergüenza o nos hace asumir que somos responsables de lo ocurrido.

Ejemplos de lo que no se nombra en el sexo hay muchísimos, de su lado oscuro (como el de las relaciones sin consentimiento), pero también de sus múltiples lados luminosos. El planeta Placer está lleno de sorpresas.

Cuando estaba en la universidad, una amiga me contó algo que le había ocurrido mientras se acostaba con su novio. A ella le habían dicho que cuando vas a tener un orgasmo, sientes como si fueras a hacerte pipí. Así que cuando le llegó esa sensación en medio de un polvo, decidió dejarse llevar y sentir su estallido de placer. Lo que no esperaba es que finalmente acabara orinándose encima. O eso pensó.

Hasta que en un cumpleaños me regalaron mi primer vibrador, no comprendí qué le había pasado. Estaba emocionada con mi nuevo juguete y decidí estrenarlo. Con aquella vibración me entraron unas ganas tremendas de orinar. Paré para ir al baño, pero una vez reanudé, me vino de nuevo esa sensación. Un líquido transparente brotó de pronto y manchó mi cama. No olía, no era amarillo.

Decidí investigarlo en internet, pero aparte de un vídeo en el que una mujer se retorcía de placer tumbada en una silla de ginecólogo mientras un hombre le introducía los dedos y los agitaba frenéticamente hasta que ella expulsaba un enorme chorro, como si una tubería interna acabara de estallarle, tan solo logré intuir por qué algunos hombres se habían empeñado en alguna ocasión en agitar la mano con tanta energía dentro de mí.

Con la llegada del succionador de clítoris, muchas mujeres compartieron que eyaculaban. A mí también me ocurría, pero no siempre, y no sabía cómo ni por qué.

Fue leyendo a Diana Torres como descubrí que en la mayoría de los casos es preciso no tensar los músculos. Misterio desvelado, o al menos en mi caso funcionó. No todas somos iguales, y no a todas nos vale la misma receta, pero os animo a relajar la musculatura de la zona de la vulva. Aunque no eyaculéis, la sensación del orgasmo es diferente y dura más.

Por Diana también supe que las mujeres tenemos dentro de la vagina una pequeña próstata que si se estimula, normalmente por dentro, produce la eyaculación. Dicho esto, ni ocurre necesariamente durante el orgasmo ni produce un especial placer.

Así pues, ¡el punto G existe! Aunque sepamos más sobre Marte que sobre él.

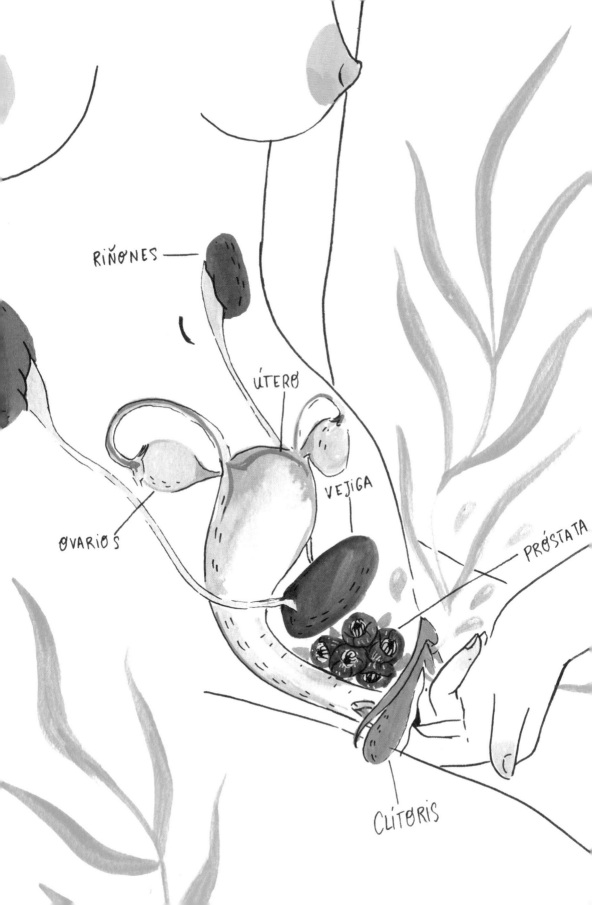

RIÑONES

ÚTERO

OVARIOS

VEJIGA

PRÓSTATA

CLÍTORIS

A unos dos centímetros de la entrada, presionando hacia el hueso púbico, hay una zona más densa y escurridiza: esa es vuestra próstata femenina o punto G.

Hay vibradores especiales para él, aunque también lo podéis estimular vosotras mismas, introduciendo dos dedos en la posición que aparece en el dibujo y moviéndolos de la manera que más placer os produzca. Si lo hacéis solas, es más fácil en cuclillas y apoyadas contra la pared.

Ya sabéis que si sentís ganas de orinar, no tenéis por qué parar: podéis dejaros llevar.

ERIKA LUST

En la época en la que leí a Diana Torres conocí también a Erika Lust. Tal vez si la directora de cine porno no hubiera venido a vivir y a rodar a mi país, su nombre no se habría hecho tan conocido en mi círculo. Pero gracias a ella el concepto «porno para mujeres» entró en mi vida y en la de muchas.

Erika Lust no solo ha revolucionado la industria del porno: ha demostrado que se puede hacer de otra manera. En un mundo en el que las páginas *online* llenan la red de pornografía *amateur* normalmente irrespetuosa con el cuerpo de las mujeres, ella ha buscado el modo de poner la cámara con una óptica feminista casi inédita en nuestras pequeñas pantallas.

Además de sus propias creaciones, Lust tiene una especie de buzón de sugerencias donde pide a las mujeres de todo el mundo que le cuenten sus fantasías. Luego ella selecciona entre las recibidas y las convierte en vídeos de verdad.

Si no habéis visto su porno, estáis tardando.

Pero no todo el porno es como el de Erika. Lamentablemente, el *mainstream* suele cosificar y denigrar a la mujer, y apenas existe en él diversidad sexual LGTBIQ. Y esto es una pena, porque actualmente, a falta de una educación sexual sana y normalizada en escuelas y hogares, y con el acceso directo a internet, los adolescentes toman casi como único referente estas películas, olvidándose de que no son menos ficción que *El Señor de los Anillos*. Y esto no solo construye una forma de relacionarse poco afectiva, sino que además puede frustrarles al no ver cumplidas las expectativas de sus fantasías sexuales.

Durante mi adolescencia y época universitaria, acceder al porno era más difícil. Lo más cerca que estábamos era mirando la pantalla codificada de un Canal + que no teníamos contratado.

Afortunadamente, pudimos recurrir a otras fuentes: películas como *9 Songs*, *Lucía y el sexo*, *Dreamers*, *La vida de Adèle*... Manantiales de erotismo y sensualidad de los que beber.

Gracias a mis amigas había conseguido romper con muchos pudores, pero aún seguía con la idea de que el sexo oral era algo desagradable, una guarrería. Y ni pensar en el beso de después…

Todo cambió gracias a Pablo. Llevábamos un par de noches enrollándonos cuando por fin fuimos a su casa. Por aquel entonces aún no era capaz de ir, en la primera noche, más allá de los besos y las manos que se colaban por debajo de la ropa. Él era mayor que yo y notó mi nerviosismo cuando empezamos a desnudarnos. Nunca olvidaré su reacción: «¿Estás bien? Paramos en el momento que tú me digas».

Y luego, mientras bajaba lentamente hacia mi sexo: «Relájate».

Era la primera vez que alguien se tomaba con calma mi placer sin esperar a cambio nada más que el mero hecho de verme disfrutar, y hasta que no alcancé el orgasmo no cejó en su empeño.

Fue tal mi excitación que quise agradecérselo de igual modo y me llevé una buena sorpresa al comprobar que aquello me producía casi tanta satisfacción como a él.

Desde aquel instante el sexo oral se ha convertido no ya en un preliminar, sino en un imprescindible. Claro que no siempre he tenido la misma suerte. Un buen *cunnilingus* es todo un arte, y no todos mis compañeros han estado dispuestos a hacerlo. Durante mucho tiempo se ha visto como una prerrogativa masculina: a algunos les da por empujarte la cabeza hacia abajo y ni se les ocurre corresponderte.

Con el tiempo he aprendido a pedirlo sin pudor y, por supuesto, a guiar a mi pareja en el camino. Y teniendo en cuenta que la mayoría de nosotras solo llegamos al orgasmo mediante la estimulación externa del clítoris, un sesenta y nueve es la forma más recíproca de darse placer.

En *Jamón, jamón*, de Bigas Luna, Javier Barden le decía a Penélope Cruz que sus pechos sabían a tortilla de patatas. Con lo que me gusta comer, no se me ocurre que te puedan decir nada mejor.

En el cine abundan las escenas eróticas donde la comida cobra protagonismo, y es que un placer puede llevar a otro, e incluso pueden mezclarse. Dilatar el tiempo hasta llegar a la explosión. Quitarnos la obsesión de alcanzar el orgasmo de forma inmediata y disfrutar de los pasos que llevan hasta él.

A mí me encanta cocinar para otro, me produce una excitación extraña. Comienza un ritual de conversación y copas de vino que se ve interrumpido por una mano impaciente colándose debajo de tu ropa. Volver a parar, y no llegar al postre.

No sé si mis pechos sabrán como los de Penélope Cruz, pero siempre puedo recurrir a mi tortilla de patatas.

INGREDIENTES

5 patatas medianas
1 cebolla grande
4 huevos
Sal
Aceite de oliva

PREPARACIÓN

Corto la cebolla en trozos medianos, la frío hasta que quede dorada y la aparto.

Pelo las patatas, las corto en rodajas finas, sazono a mi gusto y frío a fuego lento hasta que quedan tiernas y doradas. Las retiro, y escurro bien todo el aceite.

Ahora os doy mi secreto. Bato los huevos con la cebolla y la sal con una batidora hasta que quede un líquido homogéneo. Vierto el contenido en un cuenco junto a las patatas y lo mezclo bien.

En una sartén caliento un poco de aceite y echo la mezcla. Cocino a fuego medio unos dos minutos como máximo y con la ayuda de un plato le doy la vuelta. La dejo otro minuto y medio para que cuaje por fuera, pero quede jugosa por dentro.

Todas somos diferentes y obtenemos el placer de formas distintas. Por eso es imprescindible explorarse para, llegado el caso, guiar a tu pareja, hablarle sin tapujos de lo que te gusta y lo que no te gusta, de tus fantasías.

A Lara le gusta que le digan obscenidades. A Juana no le gusta que le hablen y la distraigan. A María le gusta que le muerdan los lóbulos de las orejas. A Valle, que le acaricien los pezones. A Beatriz, que le masajeen el cuero cabelludo. A Elena, que le preparen un baño antes de meterse en faena.

No hay una fórmula única. Cada persona es distinta y con necesidades diferentes, solo hay que conocerse y desaprender lo aprendido. Ser libres para trazar nuestro camino, para definirnos como heterosexuales, homosexuales, bisexuales, demisexuales, sapiosexuales, pansexuales o asexuales, y para decidir el tipo de relación que queremos llevar, ya sea monógama o no.

JULIA FANTASEA CON SER ISABELLE
EN "DREAMERS", DE BERNARDO BERTOLUCCI

Todos los días las mujeres sufrimos la presión del cuerpo eternamente joven. A los cincuentones les gustan las veinteañeras, y nosotras lamentamos cada año que cumplimos. ¿No es ridículo?

Miro a mi yo de veinte años y no quiero volver a él. Mis muslos están más blandos, en mi cabeza asoman las canas y en mi rostro aparecen arrugas. Pero mi cuerpo y mi cabeza me pertenecen ahora más que nunca. Ahora sé lo que me gusta, sé pedir sin pudor. No me avergüenza no estar depilada. La menstruación no me impide follar con nadie. Me encanta masturbarme sin culpa, tenga pareja o no, y no como sustituto del sexo compartido.

Probablemente en parte gracias a series como *Girls*, que nos muestra otro tipo de cuerpos y formas de relacionarse y sentir el placer nada estereotipadas, o como *Sexo en Nueva York*, con la que muchas aprendimos que podíamos hablar de sexo entre nosotras y hasta el uso de fabulosos juguetes eróticos. También gracias a autoras combativas como Virginie Despentes, Caitlin Moran o Iris Brey.

Yo no vuelvo a los veinte años. He tardado mucho tiempo, han hecho falta largas conversaciones con mis amigas, tocarme mucho, ponerme las gafas moradas, conocer a amantes, y aprender con ellos y de ellos.

No, no me avergüenza mi cuerpo desnudo cuyas formas se apartan de la norma. Está lleno de vida.

Mi cuerpo es un templo y a veces dejo que entren en él. Tanto esfuerzo para romper con una religión que me educó en la culpa para ahora sacralizar el sexo. Pasar del sexo por amor al sexo por placer, separar lo emocional de lo físico para acabar comprendiendo que el mayor placer está cuando sumas ambas cosas.

Mi cuerpo es un templo, y el suyo también lo es. No importa que no nos conozcamos, que solo entre en mi vida una noche. Si compartimos un momento íntimo y extraordinario, lo voy a cuidar y también le voy a pedir.

Uno de esos amantes me recordó, con la canción de Maria Arnal i Marcel Bagés, que el sexo compartido puede ser como el choque de dos planetas, la atracción gravitatoria de dos cuerpos.

En la periferia brillante
de una galaxia mediana,
en medio de un mar oscuro
donde flota nuestro mundo.

Tú, que vienes a rondarme
como los nueve planetas,
parece que cuando bailas
llueven miles de cometas.

Tú que vienes a rondarme
amárrate a mí.
Tú que vienes a rondarme
arrímate aquí.

Magia negra entre tus manos
mil caballos desbocados
corren con el morro en llamas
el fuego baila y tú cantas

lamen lunas desorbitadas
las mareas mareadas
así me sigues al trote
y de cabeza al galope:

magia negra entre mis formas
suben hormigas, se enraman
romeros de sierras altas
fresco el aire que me canta.

Se han abierto las ventanas
beben cientos de gargantas
mientras alzas con la mano
el vino que todo sana.

Tú que vienes a rondarme
amárrate a mí.
Tú que vienes a rondarme
arrímate aquí.

En los aposentos del universo
estás tú que me esperas,
mi piel se llena de chispas
que saben a flores y a lenguas.

Magia negra entre tus manos
altos jazmines se enzarzan,
amarran nuestras caderas,
vuelan hacia las esferas,

fuentes de estrellas antiguas
santiguan nuestros jaleos,
arden en llamas azules
todas las voces del universo
con nosotros.

Río de ti, rayo de mí,
no siento ninguna pena.
Rayo de ti, río de mí,
esta es nuestra verbena.

Tú que vienes a rondarme
amárrate a mí.
Tú que vienes a rondarme
arrímate aquí.

En la periferia brillante
de una galaxia mediana
en medio de un mar oscuro
donde flota nuestro
diminuto mundo nuestro
diminuto
mundo.

BIBLIOGRAFÍA

Beauvoir, Simone de, *El segundo sexo*, Madrid, Cátedra, 2015.

Bonnett, Piedad, *Poesía reunida*, Barcelona, Lumen, 2016.

Brey, Iris, *Sexo y series*, Sevilla, Héroes del Papel, 2018.

Colette, *Duo*, Barcelona, Anagrama, 2016.

Darder, Mireia, *Mujer, deseo y placer*, Barcelona, Vergara, 2018.

Ensler, Eve, *Monólogos de la vagina*, Barcelona, Ediciones B, 2018.

Galeano, Eduardo, *Mujeres*, Madrid, Siglo XXI España, 2015.

Irigaray, Luce, *Ese sexo que no es uno*, Madrid, Akal, 2009.

Llopis, María, *El postporno era eso*, Santa Cruz de Tenerife, Melusina, 2010.

Miguel, Luna, *El dedo*, Madrid, Capitán Swing, 2016. (Edición ampliada de próxima publicación en Lumen.)

Millet, Catherine, *La vida sexual de Catherine M.*, Barcelona, Anagrama, 2001.

Mogrovejo, Norma, *Contra-amor, poliamor, relaciones abiertas y sexo casual*, Bilbao, DDT Liburuak, 2016.

Moran, Caitlin, *Cómo ser mujer*, Barcelona, Anagrama, 2013.

Nin, Anaïs, *Diarios amorosos*, Madrid, Siruela, 2016.

Sanyal, Mithu M., *Vulva*, Barcelona, Anagrama, 2012.

Sexton, Anne, *Poesía completa*, Ourense, Ediciones Linteo, 2013.

Torres, Diana J., *Coño potens*, Tafalla, Txalaparta, 2015.

Wollen, Audrey, «Looking at Photographs of Marilyn Monroe Reading», *Affidavit*, 25 de febrero de 2019.

AGRADECIMIENTOS

A Lola, mi editora, este libro no sería posible sin ti. Tú confiaste en el proyecto, me has guiado en el camino y hay una parte de ti en él.

A Irene D. y Carolina S., por hablarme de la masturbación cuando más falta me hacía.

A Ana C. y Noemí A., por estar siempre ahí, incluso para hablar de sexo.

A Cristina G. y Fran R., gracias por abrirme la mente y por demostrarme que la pasión puede ser infinita.

A Melca y Lara, por formar parte de una nueva etapa. Que nuestras copas de vino nunca se vacíen y nuestros altares vayan creciendo para que satis no esté solo. Os amo con la fuerza de los mares.

A Erea A., Alejandra R., Raquel C., Cristina V. y Raquel C. Nuestras conversaciones valen millones y dan como mínimo para un libro. Parte de una de ellas está aquí.

A Mónica Carmona, por cuidarme tanto y tan bien.

A Luna Miguel, por ayudarme e inspirarme tanto.

A Boris R., por removerme y recordarme sensaciones que llevaban años perdidas. Este libro habría sido distinto sin ti, le faltarían los peces dorados.

A todas las mujeres que hacen visible lo invisible.

María Hesse (Sevillana de adopción, 1982) se convirtió en ilustradora a la edad de seis años. Ella aún no lo sabía, pero su profesora y su madre sí. Unos buenos años después, tras acabar sus estudios de Educación Especial, agarró los lápices y se lanzó a la piscina de la ilustración de manera profesional. Ha trabajado como ilustradora para distintas editoriales, revistas y marcas comerciales, y su obra ha sido exhibida en varias exposiciones. Tras el fenómeno editorial que supuso su primer álbum ilustrado, *Frida Kahlo. Una biografía*, traducido en catorce países y ganador del Premio de la Fundación Nacional del Libro Infantil y Juvenil de Brasil, ha publicado *Bowie. Una biografía*, que está siendo traducido a ocho idiomas. *El placer* es su último libro.